Neuroathletik

für Anfänger

Schneller, Höher & Weiter dank Neuroathletiktraining

Christoph Jensen

Neuroathletik für Anfänger

Copyright © 2019 Christoph Jensen

www.inselliebe-verlag.de

Für Fragen und Anregungen:

info@inselliebe-verlag.de

Auflage 2019

Falls du das Taschenbuchformat erworben hast, erhältst du bei uns auch immer kostenlos das entsprechende eBook dazu. Du findest es in deinem Amazon-Konto.

Als Kunde unseres Verlagshauses hast du die Möglichkeit, dich mit unserem Mutterverlag bei Facebook zu verbinden und dir deinen Zugang zu unserem exklusiven Online-Archiv zu sichern. Du hast dort direkten Zugang zu vielen unserer Bücher und kannst dir diese kostenlos als PDF downloaden.

www.bit.ly/inselliebe-verlag

Zusätzlich hast du die Möglichkeit, über unsere Neuerscheinungen informiert zu werden und diese innerhalb der ersten 5 Tage kostenlos als eBook herunterzuladen.

Klicke jetzt auf den Link, um dir kostenlos deinen Lesestoff zu vielen interessanten Themen zu sichern!

INHALT

Das erwartet Dich in diesem Buch

Du hast das Gefühl, bei deinem Training nicht mehr weiter zu kommen? Du spürst unangenehmes Knacken in deinen Schultern oder Knien? Dich plagen Schmerzen bei einigen Bewegungen? Deine Augen sind von der Arbeit am Monitor jeden Tag müde und trocken, deine Handgelenke durch monotone Arbeit gereizt?

Dein Körper will nach einer Verletzung nicht wieder zu seiner vorigen Höchstleistung kommen? Dann ist dieses Buch genau das richtige für dich, denn das Neuroathletiktraining aktiviert Funktionen im Körper, die deinen Körper ganz neu definieren. Einige der Übungen mögen durchaus verrückt klingen, aber viele Spitzensportler aus allen Bereichen, ob Skisprung, Fußball, Krafttraining oder Sprinten, schwören auf die Technik und können sich so viel besser auf ihren Körper verlassen. Das Neuroathletiktraining, kurz NAT, stimuliert Reize, die dafür sorgen, dass das Gehirn in viel größerem Maße reagiert, etwaige Schutzmechanismen deines Gehirns dein Training nicht mehr behindern und so die Leistung gesteigert wird. Außerdem werden Gleichgewichtsinn und Reflexe effektiver, was vorbeugend auf Verletzungen wirken kann.

Das Neuroathletiktraining ist das perfekte Training für zwischendurch, aber auch für Intensiveinheiten von bis zu drei Stunden wunderbar geeignet. Neuroathletiktraining kann mit diesem Buch dein Weg werden, stärker, schneller und sicherer agieren, und gleichzeitig durch kurze Übungen in jeder Situation blitzschnell Entspannung und Ruhe erfahren zu können.

Den Sinn von Neuroathletik verstehen

WOHER KOMMT NEUROATHLETIK?

Das Neuroathletiktraining wurde Anfang des Jahrtausends von dem studierten Chiropraktiker Dr. Eric Cobb entwickelt, der mittlerweile der führende Athletiktrainer hinter dem Neuroathletiktraining-Trend ist. Bis dato waren die Trainingseinheiten der Sportler, die der Amerikaner trainierte, reine Körperbewegung, nur Biomechanik, ohne jegliche Interaktion mit Nerven und Gehirnregionen der Sportler, sodass Dr. Cobb sich dachte, eben diese Interaktion wäre nötig. Und er hatte recht behalten, denn es stellte sich heraus, dass durch das von ihm, anderen Sportwissenschaftlern und Neurologen des Carrick Instituts entwickelte Training ganz neue Leistungen der Sportler erzielt werden konnten. Neuroathletik war der letzte entscheidende Faktor, der Sportlern zum gewünschten Erfolg verhalf. Inzwischen hat Dr. Cobb ein komplettes Trainingssystem entwickelt, bildet Trainer und Therapeuten aus, führt einen Blog, der auch durch erklärende Videos unterstützt wird, und hält international Vorträge dazu. Sein dazu gegründetes Institut Z-Health® Performance Solutions agiert und verkauft die dazugehörigen Sportgeräte weltweit. In Deutschland ist Z-Health® in Neuroathletik umgetauft worden, und zwar von Fußballmanager Oliver Bierhoff. Führender Trainer in Deutschland ist der ehemalige Leistungssportler Lars Lienhard, dessen Trainingssystem auf das von Dr. Cobb aufbaut. Lienhard, der Sportwissenschaft studierte, ist heute Ansprechpartner und Trainer für viele bekannte Spitzensportler, Olympioniken und auch der deutschen Fußball-Nationalmannschaft. Seine Kurse in ganz Deutschland sind meist schnell ausgebucht und sein neues Buch „Training beginnt im

Gehirn: mit Neuroathletik die sportliche Leistung verbessern" (Riva-Verlag, 2019) erklärt sehr detailliert, welche Teile im Gehirn wie aktiviert werden. Dieses Buch wird sich hier aber eher auf den praktischen Teil konzentrieren und Übungen beschreiben, die direkt ausgeführt werden können und deren Wirkungen schnell sichtbar werden. Außerdem gibt es im vorletzten Kapitel einen Trainingsvorschlag, wie du Neuroathletiktraining in dein alltägliches Fitnesstraining einbinden kannst.

WARUM DAS GEHIRN AUCH BEIM SPORT REIZEN

B evor der praktische Teil begonnen werden kann, ist ein kurzer Blick auf den dahinterliegenden Sinn zu werfen. Der menschliche Körper ist ein sehr sensibles, von oben bis unten von sich selbst abhängiges Naturwunder, dessen Reize und Funktionen wir selten ganz ausnutzen, aber auch nicht vollends verstehen können. Besonders beim Sport kann gezieltes Training der Reize und Reflexe zur Verbesserung der Möglichkeiten des Körpers genutzt werden. Das Prinzip ist eigentlich recht simpel: der Körper empfängt Reize, ob per Sehnerv, durch den Gleichgewichtssinn, durch Tasten oder wie auch immer, diese werden ans Gehirn weitergeleitet, dieses analysiert und interpretiert und versucht, geeignet darauf zu reagieren. Bei den meisten Sportlern liegt der Fokus auf der Reaktion, dem Output.

Es geht immer nur um Leistung, höher, schneller, weiter, aber die Funktionen des Körpers und auch die Zusammenhänge der Muskeln und Gelenke werden dabei oft missachtet. Neuroathletik fokussiert aber auf den Input, die Anatomie und auf die Analyse und Interpretation der Reize im Gehirn. Dabei ist der Output, also die sichtbare Leistung, Messeinheit für den Erfolg der Neuroathletik und der einzelnen Übungen. Viele Dinge werden nämlich negativ durch das Gehirn beeinflusst, da es darauf getrimmt ist, Gefahr zu entdecken und den Körper jederzeit fluchtbereit zu halten. Neuroathletiktraining besteht aus verschiedenen Übungen, die die Augen, das Gleichgewicht und die Reaktionsfähigkeit des Körpers trainieren. Denn dies sind die wichtigsten Komponenten, die den Körper biomechanisch zu lenken vermögen. Durch Reaktionstests kann durchs Neuroathletiktraining gezielt nach den Reflexen und Muskeln gesucht werden, die beim Training wichtig sind, um so den Körper effektiver auf die Übungen vorzubereiten. Meist ist das Gehirn der Schlüssel zum Erfolg, denn dieses reagiert, wie bereits angemerkt, so, dass es den Körper in einer gewissen sicheren Lage behält, um sich vor Gefahr zu schützen. Man könnte meinen, es wären die tausendfach angreifenden Löwen oder Mammuts gemeint, wenn man von Gefahr redet.

Nein, Scherz beiseite, diese Schutzmechanismen des Gehirns sind heutzutage nicht mehr so unbedingt nötig wie noch vor fünftausend Jahren, wo fraglich war, was es abends zum Essen geben würde oder welches Raubtier einem auf der Lauer lag. Das Gehirn sorgt aber viel eher für Mechanismen, die den Körper vor Verletzungen schützen sollen, was bei Kraftsport einen durchaus sehr negativen Einfluss auf den Trainierenden hat. Denn wenn man die Übungen richtig ausführt, und die Schutzmechanismen des Gehirns auf die Übung sensibilisiert, wie es das Neuroathletiktraining macht, kann man deutlich effektiver und stärker trainieren. Denn wenn das Gehirn nicht suggeriert bekommt, dass es den Körper vor Verletzung schützen muss, blockiert es keine Faktoren des Körpers, weswegen du plötzlich deutlich stärker, agiler, stabiler dastehst und besser trainieren kannst. Durch das Neuroathletiktraining werden eben diese Mechanismen so sensibilisiert, dass du noch viel mehr erreichen kannst. Hier ist allerdings trotzdem immer Vorsicht geboten, und man sollte jede neue Übung vorher von einem Fitnesstrainer oder anderem Experten kontrollieren lassen. Und man kann lediglich 10% der Reaktionen trainieren, 90% sind automatische Reflexe des Körpers, die er von selbst macht und die wir weder selbst steuern noch unterbinden können. Neuroathletiktraining ist lediglich die Spitze des Eisbergs des Erfolges, die den Trainierenden zu seiner absoluten Topform und Höchstleistung bringen.

Jedenfalls kann man durch das Neuroathletiktraining genauer und besser Verletzungen vorbeugen, als wenn man die Gehirnreize vorher nicht auf die Übungen sensibilisiert. Und deswegen ist es wichtig, das Gehirn beim Training mit einzubeziehen, auch wenn einige der Übungen auf den ersten Blick etwas sinnlos erscheinen. Wie Gina Lückenkemper, die momentan schnellste Frau Deutschlands, die von Lars Lienhard, dem führenden deutschen Neuroathletiktrainer trainiert wird, eventuell von einigen dafür ausgelacht wird, dass sie vor dem Sprinten an einer neun Volt Batterie leckt. Klingt absolut absurd, stimuliert allerdings das Stammhirn, das für die Stabilität des Körpers zuständig ist. Dadurch kann sie gezielter auftreten und hat eine frisch stimulierte gute Haltung, was zu einer Schnelligkeitssteigerung führt. An einer Batterie zu lecken ist aber wirklich das absurdeste unter den Neuroathletiktraining-Übungen. Meistens geht es eher um das Fokussieren der Augen, die Verbesserung des Gleichgewichts und um eine sicherere Haltung des Körpers. Die dazu passenden Übungen und Tests werden in den folgenden Kapiteln genauer erklärt, zuerst wenden wir uns allerdings der Chemie

dahinter zu, um zu verstehen, warum Neuroathletiktraining überhaupt sinnvoll für den Körper und
dessen Training ist.

DIE CHEMIE DAHINTER

Wie bereits im vorigen Kapitel schon angeschnitten, geht es beim Neuroathletik Training ums Gehirn, das Reize von den Augen, dem Gleichgewichtssinn und körpereigene Reize empfängt. All die Reize, die bei diesen drei Komponenten entstehen, werden über die Nervenstränge im Rückenmark ins Gehirn gelenkt. Dort befindet sich die Großhirnrinde, der Kortex. Hier werden Bewegungen und Stabilität des Körpers in den zwei Hälften des Gehirns gesteuert. Meist hat ein Mensch eine Schokoladenseite, eine stärkere Seite, die sowohl an Kraft, Genauigkeit und Stabilität überwiegt. Bei Rechtshändern ist es meist die rechte Seite, bei Linkshändern die Linke. Dessen wirkt das Neuroathletiktraining entgegen. Kommt also ein Reiz im Gehirn an, sagen wir, man stößt sich den kleinen Zeh am Stuhlbein, dann lenkt die gegenüberliegende Seite reflexartig gegen. Dafür sind die Kortexteile im Hirn zuständig. Das funktioniert bei schmerzhaften Erfahrungen wie dem Stoßen des kleinen Zehs, aber auch genauso gut, wenn man sich bei jemandem anlehnt und der Gleichgewichtssinn und die Augen die schiefe Stellung des Körpers wahrnehmen. Dabei spannt die gegenüberliegende Seite des Körpers, wenn auch nur minimal, an, um stabil zu bleiben. Das System funktioniert genauso beim Kraftsport, schließlich werden beim Bankdrücken neben den besonders stimulierten Muskeln, also den Armen, den Schultern und den Brustmuskeln noch weitere Muskeln genutzt, um stabil zu liegen und die meiste Kraft für die Übung zu haben. Welche Muskeln dabei wie genutzt werden, wird beim Neuroathletiktraining durch verschiedenste Tests geprüft und nach Effizienz eingestuft. Da man durch die Tests weiß, welche Muskeln und Reflexe neben den hauptsächlich trainierten Muskeln genutzt werden, können diese gezielt davor und danach stimuliert werden, um so mehr Kraft und Ausdauer beim Bankdrücken selbst zu haben. Denn Stabilität und Sicherheit des Körpers sind das A und O beim Erreichen von außergewöhnlichen sportlichen Erfolgen. Versuche mal einen Satz Bankdrücken, bei dem du bei gleicher Kopfposition ganz immens versuchst, nach oben zu schauen. Und mache dann wieder einen normalen Satz Bankdrücken und achte auf den Unterschied, du wirst verwundert sein. Genauso wirkt das Neuroathletiktraining allerdings auch bei Schmerzen. Wenn ein Mensch mit Rückenschmerzen als Extrembeispiel zur Veranschaulichung Achterbahn fährt, werden durch die Fliehkräfte bei der Fahrt die Sinne stimuliert, der Gleichgewichtssinn, der Sehnerv, die Körperwahrnehmung, weswegen eine bessere und sichere Haltung folgt, wodurch Gelenkschmerzen, insbesondere Rückenschmerzen, oft verringert werden. Je öfter man Achterbahn fährt, desto besser wird es.

ERFOLGE

Von eindeutigen Erfolgen haben Sport-Promis wie die Sprinterin Gina Lückenkemper, der Fußballprofi und ehemaliger Nationalspieler Per Mertesacker oder auch der Skispringer Fabian Rießle, Goldmedaillengewinner im Mannschaftsskispringen bei Olympia 2018, zu berichten. Seitdem Lückenkemper mit Lars Lienhard trainiert, liefert sie Spitzenleistungen von 100-Meter Sprints in unter 11 Sekunden ab und ist damit Rekordhalterin ihrer Altersgruppe (U23) in Europa. Rießle konnte durch das Neuroathletiktraining Gleichgewichtsschwächen ausbessern und springt seitdem sicherer. Und da Lienhard als externer Trainer mit zur Fußball-WM 2014 in Brasilien gefahren ist, lässt sich spekulieren, inwiefern seine Arbeit zum WM-Sieg beigetragen hat.

Aber abgesehen vom Profi-Sport hört man auch so von vielen begeisterten Menschen, ob nun Sportler oder Büromenschen, denn Neuroathletiktraining ist vielseitig einsetzbar. Viele sind von den dadurch schwindenden Gelenkschmerzen begeistert, wie zum Beispiel die 76-Jährige Ursel, die tatsächlich das Achterbahnfahren gegen ihre Rückenschmerzen für sich entdeckt hat (Quelle: https://marcnoelke.de/2018/02/20/neuroathletik-training-mit-karacho-gegen-rueckenschmerzen). Andere loben die Kraftsteigerung, die sie durch Neuroathletiktraining erzielt haben. Alles in allem ist Neuroathletiktraining ein System, über das nur Positives zu berichten ist und das sowohl in kleinen Einheiten zu Hause oder bei der Arbeit als auch im Fitnessstudio und bei jeglicher Sportart direkt eine große Hilfe sein kann.

Übungsbeispiele

Viele der Übungsbespiele sind ohne jegliche Hilfsmittel zu machen, andere erfordern sportliche Kleingeräte wie Fitnessbänder, wieder andere erfordern simple Haushaltsgegenstände wie die bereits beschriebene neun Volt Batterie (auf gar keinen Fall mehr als neun Volt!) oder ein Handtuch oder einen Stuhl, und noch andere Übungen erfordern durchaus schnell selbstgemachte oder im Fachhandel erhältliche Geräte wie Bänder mit großen verschiedenfarbigen Perlen dran oder trillerpfeifenähnliche Geräte, die den Fokus auf die Atmung setzen. Bei Letzterem handelt es sich um eine Übung, die einem das Ausatmen bewusster machen soll, man hält das kleine Gerät einfach zwischen den Lippen, und diese Blockade des einfachen Ausatmens hat zur Folge, dass man viel genauer auf jeden einzelnen Atemzug achtet. Im Folgenden werden verschiedenste Übungen beschrieben, die nach ihrem Fokus auf die drei wichtigsten Komponenten des Neuroathletiktrainings sortiert sind: der Sehnerv, der Gleichgewichtssinn und das propriozeptive System, also die eigene Körperwahrnehmung. Außerdem ist bei den Übungen anfangs immer beschrieben, welche Hilfsmittel du brauchst, manchmal erfordert das Equipment auch deine Kreativität.

Der Sinn des Ganzen ist relativ einfach: falls du Brillenträger bist und einmal ohne Brille Sport gemacht hast, wirst du gemerkt haben, dass einige Übungen ohne die Sehhilfe nicht unbedingt einfacher waren. Oder vielleicht warst du mal so betrunken, dass dir die Sicht schwerfiel – warum torkeln alkoholisierte Menschen wohl? Ist der Sehnerv geschwächt, hat der Gleichgewichtssinn Schwierigkeiten, den Körper auszugleichen, da das Gehirn nicht genau sieht, wie die Umwelt beschaffen ist. Dadurch ist die ganze Körperwahrnehmung gestört und wenn man daran beim Trainieren nicht arbeitet, geht man meist unzufrieden aus dem Fitnessstudio wieder raus. Diese drei Komponenten, beziehungsweise Systeme, sollen mit den folgenden Übungen im Rahmen des Neuroathletiktrainings trainiert werden, und sind außerdem somit auch deine Adresse zur Kraftsteigerung. Alle Übungen sind ohne Schuhe auf glatten Boden durchzuführen, außerdem ist bequeme, nicht zu kühle und einschränkende Kleidung zu empfehlen. Nicht zu kühle Kleidung ist wichtig, da Neuroathletik nicht unbedingt anstrengend sein sollte, du deine Muskeln aber trotzdem warm und geschmeidig behalten solltest, ob für das folgende Training oder für herausforderndere Neuroathletikübungen, die für deinen Körper eventuell ungewohnt sind.

Der Sinn der im Folgenden beschriebenen Übungen ist es, herauszufinden, wie gut dein Nervensystem reagiert. Du machst die später beschriebenen Neuroathletikübung-Tests immer vor und nach einer Trainingsaufgabe deiner Wahl in der Sportart deiner Wahl. Die Ergebnisse der Übungen sind also weder gut noch schlecht, sondern schlichtweg eine Information für dich darüber, wo deine Schwächen und Stärken im Nervensystem liegen. Daran kann man arbeiten und im Idealfall wirst du schnell Erfolge im Neuroathletiktraining erreichen, was größere Erfolge deiner körperlichen Leistung beim Sport mit sich bringt. Die Ergebnisse deiner Übungen kannst du in drei verschiedene Kategorien einteilen:

High Performance: bei den Übungen wirkst du mit einem großen Effekt aufs Nervensystem, dementsprechend sind sie sehr leistungssteigernd für dein Training. Das sind die Übungen, die du zum absoluten Großteil machen solltest. High Performance Übungen erkennst du an der deutlichen Verbesserung deiner Reaktionen bei den Neuroathletikübung, die du nach deinem Training wiederholst, im Verhältnis zu vor deiner Trainingseinheit. Die Trainingsaufgabe deiner Wahl tut deinem Körper also gut, keine Gelenke blockieren und das Gehirn sorgt für keine Schutzmechanismen.

Neutral/leicht positive Übungen: Hier sind deine Neuroathletikübungen vor und nach deiner Trainingseinheit gleich oder nur geringfügig gesteigert. Eine Leistungssteigerung bei deiner Übung ist also nur bedingt möglich, da Schutzmechanismen in deinem Körper aktiv sind, die eine Verbesserung deines Trainings blockieren.

Wenn du den Übeltäter von selbst finden kannst, also zum Beispiel merkst, dass du das Gefühl hast, dein rechter Hüftmuskel hat kaum Kraft, mache ein paar Fußübungen, die könnten dem Hüftmuskel zu seiner eigentlichen Kraft zurück verhelfen. Weißt du nicht, woran es liegt, mache verschiedene Neuroathletikübungen, die allgemein dem Gleichgewicht, dem Sehnerv und der Körperwahrnehmung guttun, denn diese richten öfter kleine Blockaden und Schwächen im Körper, als man denkt, ohne, dass man es direkt merkt. Solche Übungen sind im nächsten Kapitel aufgezählt. Neutrale, beziehungsweise leicht positive, Übungen sind nicht dafür geeignet, direkt danach Höchstleistungen zu erbringen, allerdings sind sie der entscheidende Schritt zum Erfolg, da sie Teile in deinem Körper aktivieren, die ansonsten nicht hundertprozentig gut funktionieren. Arbeite an diesen Übungen also unabhängig von deinem leistungsorientierten Training, zum Beispiel im Warm-Up oder Cooldown. Ziel dieser Übungen ist es, langfristig High Performance Übungen aus ihnen zu machen, also Übungen, die deine Leistungen unterstützen und verbessern.

Aufarbeitung: Das sind Trainingsübungen deiner Wahl, die vom Gehirn als Bedrohung wahrgenommen werden, mit denen sich dein Körper instinktiv nicht wohl fühlt. Nach der Übung sind deine Neuroathletiktests schlechter als vorher, du kannst also zum Beispiel ein wenig schlechter deine Augen fokussieren oder dein Gleichgewicht halten. Diese Übungen sind langfristig aber verbesserbar, daran kann man gut mit dem Neuroathletiktraining arbeiten, denn die sind es, die dazu führen, dass du die letzten Kräfte aus deinem Körper herausholen kannst. Allerdings solltest du diese Übungen machen, wenn du nicht gerade Höchstleistungen von deinem Körper erwarten musst oder willst, denn diese Übungen erfordern Geduld und Ruhe, dadurch wird dein Körper gestresst und kann keine Bestleistung erzielen. Mache sie also am besten völlig fernab deines Trainings, sodass dein Körper sich an die Übungen gewöhnen kann, aber dich nicht von weiteren sportlichen Aktivitäten und Erfolgen nach deinen aufarbeitenden Übungen abhält.

Ziel dieser Übungen, auch wenn sie deinem Körper nicht unbedingt leicht fallen, ist es, sie zu neutralen beziehungsweise leicht positiven Übungen zu machen, die deinem Körper also leichter fallen, um das volle Potenzial deines Körpers erreichen zu können.

Jedes Mal, wenn du trainierst und davor und danach solche Tests machst, kann es sein, dass du deine Trainingsübungen neu einstufen kannst, denn der Körper ist veränderlich, und wenn du dir wirklich nur den kleinen Zeh gestoßen hast, kann es absurderweise sein, dass eine Trainingsübung die Woche darauf bei dir weniger gut funktioniert als zuvor. Oder du hast durch besondere körperliche Aktivität an Mobilität und Stabilität dazugewonnen, ohne es besonders bemerkt zu haben, und Übungen, die du vorher in die Kategorie der Aufarbeitung sortiert hattest, sind jetzt Neutral oder sogar High Performance Übungen. Wichtig ist einfach nur, den Überblick zu behalten, was wirklich gut für deinen Körper ist und wo deine Schwächen sind, denn das sind die beiden Schlüssel zu deinem Erfolg.

SEHNERV

Übung 1: Das Schielen.

Erforderliche Geräte: Ein Stift, welcher Art ist relativ egal, es muss nur ein Punkt drauf sein, der deutlich erkennbar und fokussierbar ist. Eine Kugelschreiberspitze, der Werbeaufdruck des Stifts, oder ein im Fachhandel erhältliche Neuroathletik-Stab mit aufgedruckter Form sind für diese Übung in Ordnung.

Ausführung: Stelle dich hüftbreit und so gerade wie möglich hin, ohne dich dabei großartig anstrengen zu müssen. So ist deine Wirbelsäule entsprechend gerade, um den schnellsten und effektivsten Weitertransport der Signale der Nerven zu sichern. Strecke deinen Arm lang vor dir aus und halte den Stift aufrecht in der Hand. Fixiere nun einen Punkt auf dem Stift, der deutlich erkennbar ist. Markiere den Stift notfalls mit einem Permanentmarker. Nun führst du deine Hand mit dem Stift langsam aber sicher zur Mitte deiner Nase, sodass deine Augen beginnen, zu schielen, und führst deine Hand wieder auf die Ursprungsposition zurück. Diese Übung wiederholst du einige Male, maximal zehn Mal, in Ruhe. Im Idealfall fällt es dir immer leichter, zu fokussieren. Führe nun eine Fitnessübung deiner Wahl durch. Wiederhole nach der Übung die Schiel-Übung. Ordne die Schiel-Übung danach in die drei Kategorien der Effizienz ein, sodass du weißt, ob du daran weiterarbeiten solltest oder du keine Schwierigkeiten hast. Diese Übung dient dem Training und der folgenden Entspannung der Augenmuskeln, die im Zeitalter der Digitalisierung meist allzu sehr angestrengt werden. Eine Abwandlung sowie eine gleichzeitige Anstrengungserhöhung dieser Übung wäre, dass du deinen Kopf dabei in verschiedene Richtungen bewegst. Nach vorne und hinten, nach rechts und links, und schräg nach rechts und links. Dabei muss der Stift immer in gleicher Position zu deinen Augen stehen, bewege deine Hand also mit. Eine weitere Abwandlung wäre, dass du dabei einige Schritte nach vorne und nach hinten gehst. Das fordert deinen Körper und dein Gehirn im deutlich größeren Maße heraus, als dein alltägliches Leben es sonst tut.

Übung 2: mit dem Stift einäugig bewegen

Erforderliche Geräte: ein Stift oder ähnliches wie in der Übung 1

Ausführung: Setze deinen Fokus auf den Stift, den du ausgestreckt vor dich hältst. Halte dir ein Auge mit der Hand zu. Fokussiere weiter auf den Stift, bewege nun aber deinen Kopf und lasse den Stift immer in der gleichen Position zu deinen Augen, bewege deine Hand also mit. Den Kopf kannst du in sechs verschiedene Richtungen bewegen: nach hinten und vorne, nach rechts und links, schräg liegender Kopf nach rechts und links. Suche dir eine der Richtungen aus und wiederhole die Übung drei bis vier Mal direkt hintereinander. Suche dir dann eine andere Richtung aus und wiederhole die Übung wieder. Du wirst merken, wie deine Sicht und dein Gleichgewicht gleichzeitig am Arbeiten sind. Eine Abwandlung dieser Übung, die dazu den Schwierigkeitsgrad erhöht, ist, dass du während der Übung ein oder zwei Schritte nach vorne und nach hinten machst.

Übung 3: Stifte fixieren

Erforderliche Geräte: Hierfür sind zwei Bleistifte oder Kugelschreiber nötig. Im Fachhandel gibt es ähnlich große Stäbe mit Formen aufgedruckt, die die Fokussierung der Augen erleichtern. Ansonsten tut es auch die Kugelschreiberspitze oder der deutlich erkennbare Werbeaufdruck auf dem Stift.

Ausführung: Stelle dich hüftbreit und so gerade wie möglich hin, ohne dich dabei großartig anstrengen zu müssen. Nun halte beide Stifte schulterbreit auseinander ausgestreckt aufrecht vor dich und fokussiere auf einen der beiden. Wechsle im Sekundentakt den fokussierten Stift. Sofern du nicht alleine trainierst, bitte deinen Trainingspartner, beide Stifte zu halten und wechsle nun auf Kommando deines Partners den Fokus auf die Stifte. Eine weitere Abwandlung dieser Übung ist, dass dein Trainingspartner beide Stifte hält, du einen fixierst, und den Fokus nur wechselst, wenn dein Partner mit dem anderen Stift wackelt. Das trainiert sowohl deine Augen als auch deine Reflexe. Deine Augen zu trainieren ist wichtig, da sie neben dem Ohr essentiell für dein Gleichgewicht sind, was Stabilität in deinen Körper bringt. Dadurch ist dein Körper sicherer bei jeglicher Ausführung von körperlicher Aktivität.

Übung 4: Kugeln fixieren

Erforderliche Geräte: ein Band, möglichst bis zu zwei Meter lang, mit verschiedenen murmelgroßen und einfarbigen Perlen daran. Mindestens drei Perlen sind nötig.

Ausführung: Halte das Band direkt vor deine Nasenspitze, in einer Elle Abstand. Verschiebe die Perlen auf dem gespannten Band so, dass zwischen ihnen Abstände entstehen. Es ist gewollt, dass du, um die Perle zu sehen, die dir am nächsten ist, eventuell schielen musst. Nun fixiere wechselnd die verschiedenen Perlen, ob auf Kommando eines anderen oder nach deinem Ermessen, ist irrelevant. Das einzig wichtige ist, dass du bei jeder Perle, egal wie nah dran oder weit weg sie ist, immer zwei Bänder in die Perle reingehen sehen solltest, und zwei raus, also dass sich ein X aus dem Band um die Perle bildet. Du siehst es also doppelt. Siehst du es öfter als zwei Mal, ist eine Aufarbeitung nötig, dann stimmt etwas mit deiner Sicht nicht, und du kannst dein Training nicht optimal ausführen. Eine Abwandlung dieser Übung ist, das Band in seiner vollen Länge von deiner Nase aus irgendwo anzubinden, an einem Stuhl, an einem Fenstergriff, egal wo, und die Übung zu wiederholen, nur sind nun die Perlen in anderen Längen von dir entfernt.

Übung 5: Klimmzüge mit verändertem Blickfeld

Erforderliche Geräte: Eine Klimmzugstange

Ausführung: Mache drei Sätze Klimmzüge mit moderater Wiederholungszahl. Den ersten machst du ganz normal. Den zweiten Satz machst du mit deinen Augen zur Decke gerichtet, ohne großartig deinen Kopf in deinen Nacken zu legen, was dein Körper instinktiv machen würde. Hierbei müsstest du es schwerer haben als zuvor, da du dein Umfeld nicht siehst und dein Gehirn deswegen Sicherheitsmechanismen in Gang setzen müsste. Wichtig ist, deine Augen wirklich den ganzen Satz durch fest auf die Decke zu richten. Nun mache deinen letzten Satz wieder normal, und du müsstest merken, dass es dir plötzlich deutlich leichter fällt, obwohl es bereits dein dritter Satz ist. Wichtig ist wirklich die moderate Wiederholungszahl deiner Klimmzüge. Bei der Übung stimulierst du deine Reflexe und deinen Sehnerv und trickst dein Gehirn so aus, dass dein Gehirn sich beim letzten Satz sicherer fühlt, woraufhin du mehr Kraft hast.

GLEICHGEWICHT

Übung/Test 1: Vorbeugen

Erforderliche Geräte: keine

Ausführung: Als erstes solltest du deinen Körper testen. Diese Übung dient hauptsächlich dem Warm-up, der Aktivierung und dem Test deines Körpers, oder der Kontrolle der Effektivität der anderen Übungen. Helfen dir die anderen Übungen, so sollten dir die Testübungen nach den anderen Übungen mit der Zeit immer leichter fallen, da die anderen Übungen dafür sorgen, dass dein Körper in sich stabiler wird und damit andere Blockaden löst. Stelle dich ganz normal hin, mit den Füßen aneinander. Nun beuge deinen Oberkörper langsam so lange vor, bis du möglichst deine Füße mit deinen Fingerspitzen oder den ganzen Handflächen berühren kannst. Die Beine bleiben gerade, aber nicht überstreckt. Richte dich wieder auf und wiederhole die Übung. Sie dient dazu, dein Gleichgewicht, dessen entscheidende Komponente im Ohr ist, zu stimulieren. Hierbei solltest du im Idealfall kein Schwindelgefühl haben und auch keine Schwierigkeiten beim Sehen.

Übung/Test 2: Innenohr aktivieren

Erforderliche Geräte: keine

Ausführung: Hast du besondere Gelenke, von denen du weißt, dass sie durchaus weniger mobil sind? Wenn nicht, ist es nicht schlimm, es geht hier lediglich ums Erkennen des direkten Erfolgs. Zum Test kannst du deinen ganzen Körper rotieren, du kannst dich vorbeugen, du kannst fast alles machen, aber gehen wir mal davon aus, dass du als Test deines Körpers deine Arme im rechten Winkel von deinem Körper hebst, die Ellenbogen im rechten Winkel anwinkelst und deine ausgestreckten Handflächen zum Boden zeigen lässt. Jetzt rotiere deine Unterarme und Hände so, dass deine Fingerspitzen nach unten und nach oben schauen. Dabei wird das Schultergelenk bewegt, das heutzutage bei vielen nicht mehr die volle Mobilität erreicht. Eventuell merkst du also, dass eine der beiden Schultern weniger Beweglichkeit aufweist, also deine Rotation nicht 180 Grad beträgt, sondern vielleicht nur 120 Grad. Jetzt stelle dich locker und

gerade hin, wenn du weißt, dass du Gleichgewichts-
probleme hast, mache die Übung lieber erst einmal im
aufrechten Sitzen. Lass deine Arme wieder locker an
deinem Körper hängen. Nun fixiere einen Punkt um
dich herum, der idealerweise auf Augenhöhe ist. Ein
Post-it an der Wand mit einem Punkt darauf tut's
auch. Bewege nun deinen Kopf in alle Richtungen,
höre aber nicht auf, starr auf deinen fixierten Punkt
zu gucken. Eine Abwandlung dieser Übung wäre,
dabei noch nach vorne und als besonderer Schwierigkeitsgrad auch nach hinten zu gehen.

Übung/Test 3: deine starke/schwache Seite erkennen

Erforderliche Geräte: keine

Ausführung: Stelle dich gerade hin. Nun setze
den einen Fuß mit der Hacke an die Spitze des anderen, also so, dass deine Füße direkt voreinander in
einer Reihe stehen. Mit welcher Seite du anfängst, ist
egal. Halte dich nirgendwo fest. Eventuell bemerkst
du jetzt schon, auf welcher Seite du eher schwankst.
Ansonsten wird dir das Schließen der Augen Klarheit
verschaffen. Jetzt müsstest du deutlicher in eine Richtung schwanken. Das ist deine schwache Seite. Wie-

derhole den Test, indem du deine Füße andersherum stellst, also den, der vorher vorne war, nun nach hinten stellst, und schließe deine Augen wieder. Bleibt es bei der gleichen schwachen Seite? Vielleicht wird auch jetzt erst deine schwache Seite deutlich, da deine Fußstellung jetzt so ist, dass deine Stabilität auf deiner starken Seite die schwache Seite nicht mehr wettmacht. Wiederhole die Übung immer mal wieder über den Tag verteilt, beim Sport, nach dem Aufstehen, beim Zähneputzen, du wirst sehen, dass dein Gleichgewicht auch auf der schwachen Seite mit der Zeit besser wird.

DAS PROPRIOZEPTIVE SYSTEM

Übung/Test 1: Die Rotation des Körpers

Erforderliche Geräte: keine

Ausführung: Diese Übung dient hauptsächlich dem Warm-up, der Aktivierung deines Körpers, oder der Kontrolle der Effektivität der anderen Übungen. Helfen dir die anderen Übungen, so sollten dir die Testübungen nach den anderen Übungen mit der Zeit immer leichter fallen, da die anderen Übungen dafür sorgen, dass dein Körper in sich stabiler wird und damit andere Blockaden löst. Stelle dich hüftbreit hin, hebe deine Arme im rechten Winkel zu deinem Körper gerade vor dich, halte die Handflächen aneinander. Nun beginne, deine Hände durch Rotieren deines Oberkörpers möglichst weit nach links und rechts zu bewegen. Das hilft der Mobilität deines Rückens, deinem Gleichgewicht sowie deiner Sicht, denn bei jeder Drehung solltest du den Punkt fixieren, den du am äußersten Rande deines Sichtfeldes erfassen kannst. Merke ihn dir, und im Laufe der Übung und mit der

Zeit solltest du immer besser, lockerer und weiter rotieren können.

Übung 2: Nackenlockerung

Erforderliche Geräte: Ein Gürtel, ein großes Handtuch oder etwas anderes entsprechendes Festes. Außerdem ein Theraband oder ein leicht flexibles Band, dass doppelt so lang ist wie du groß bist, zusammengebunden

Ausführung: Stelle sich hüftbreit hin. Wickle nun den Gürtel, oder etwas Entsprechendes, so um deinen Körper, wie ein Anschnallgurt auf deinem Körper liegt. Wenn du eine steifere, schmerzende Seite hast, fange auf der Seite an der Schulter an. Halte die beiden Enden des Gürtels mit den Händen fest, das vordere Ende hält die, der zu lösenden Schulter gegenüberliegende, Hand fest, das hintere Ende die andere Hand. Fällt es dir schwer, das andere Ende so weit hinter deinem Rücken zu halten, ist es auch möglich, beide Enden nur mit der gegenüberliegenden Hand festzuhalten, dann kannst du die andere Hand ruhig an deiner Seite herunterhängen lassen. Nun legst du deinen Kopf schief zu der Schulter mit dem Gürtel drauf und drehst dein Kinn zur Schulter hin, sodass du entspannt geradeaus auf deine Schulte gucken kannst. Nun spanne den Gürtel ein wenig und atme deutlich hörbar tief ein und wieder aus. Bei besonders schlimmer Verspannung kannst du die Übung einige Male wiederholen. Ansonsten gibt es noch eine Abwandlung dieser Übung, dafür brauchst du das lange Theraband oder deine entsprechende Alternative, wichtig ist, dass du es zusammenbindest, um auf beiden Seiten Druck ausüben zu können. Wickle das Band so um dich herum, dass es auf dem Muskel liegt, der vom Hals in die Schulter übergeht, der oberer Trapezmuskel oder auch Kapuzenmuskel genannt wird, und stelle dich mit dem diagonal gegenüberliegenden Fuß auf die andere Seite des Bandes. Das Band sollte so von deiner Schulter einmal quer über deinen Körper rüberführen. Deine Füße stehen hüftbreit und zeigen gerade nach vorne. Atme tief ein. Halte nun das Band mit beiden Händen entspannt fest und drehe deinen Kopf in die von dem Band auf deiner Schulter entgegengesetzte Richtung. Lege den Kopf in der Position nach hinten, so, dass dein Hinterkopf in die Richtung der Schulter kippt, auf der das Band ist. Nun ziehe eben diese Schulter ohne fremdes Einwirken so weit wie möglich nach unten, wie du kannst und ohne, dass du Schmerzen verspürst. Atme wieder aus. Intensivieren kannst du die Übung, indem du vorsichtig an dem Band ziehst und so den Druck auf den Trapezmuskel erhöhst. Nach der Übung sollte sich dein Trapezmuskel entspannen. Bedeutet, dass eventuelle Schmerzen oder Spannungen in der Schulter-/Nackenregion sich mit der Zeit und einigen Wiederholungen lösen sollten.

Übung 3: Der „Palmie"

Erforderliche Geräte: keine

Ausführung: Diese Übung trägt zu deiner Entspannung und zu deiner Körperwahrnehmung bei, die du zu jederzeit und eigentlich überall machen kannst. Dazu reibst du deine Hände einige Mal schnell aneinander, sodass die Handflächen gut durchblutet und warm sind. Atme tief ein. Dann lehnst du deinen Kopf ein kleines bisschen zurück und legst dir die Hände auf die geschlossenen Augen. Atme langsam und bewusst aus. Durch die Hände auf deinen Augen wird es besonders dunkel und du und dein Körper sind förmlich allein. Dadurch kann man gut entspannen, genauer auf seinen Körper hören, herausfinden, ob irgendwo Schmerzen oder Blockaden sind, und besonders vor stressigen Situationen kann man so noch einmal gut durchatmen. Willst du zum Beispiel eine Höchstleistung beim Kraftsport oder beim Sprinten erreichen, oder dich einfach für anderweitige Situationen noch einmal sammeln, ist der „Palmie" der ideale Weg, abzuschalten und Kraft zu sammeln. Lasse deine Hände so lange auf deinen Augen wie du möchtest.

Übung 4: verbesserte seitliche Plank durch Fuß-Übung

Erforderliche Geräte: ein Handtuch oder eine halbe Blackroll, ein nicht kaltes Kühlkissen, ein Körnerkissen oder etwas ähnlich Weiches, das man auf den Boden legen kann und einen Stuhl oder etwas Ähnliches in der Höhe, an dem man sich festhalten kann

Ausführung: Teste als erstes deine seitliche Plank auf eine schwächere Seite. Lege dich dazu seitlich auf den Boden oder eine Gymnastik-Matte, setze deinen Arm direkt unter der Schulter auf deinen Ellenbogen und strecke deine Hand entweder mit der Handfläche dem Boden zugewandt oder mit der Kante der Hand zum Boden gerichtet von dir. Lege deine Füße übereinander und versuche, deinen Körper der Länge nach anzuheben. Fällt dir das noch schwer, lege dich nicht auf die Füße, sondern auf die Knie und versuche das gleiche. Halte dich so für fünfzehn Sekunden. Dabei spannst du viele Muskeln an, unter anderem die hierbei hauptsächlich trainierten Bauchmuskeln. Wiederhole diese Übung auf der anderen Seite und merke dir, auf welcher Seite dir die Übung schwerer fiel. Setze dich nun so hin, dass du mit deiner Hand gut an den Knöchel einer deiner Füße kommst. Prüfe, ob du direkt unterhalb deines Knöchels eine Senke findest, eine Art Loch, die bei einem normal aufgesetzten Fuß gut zu erfühlen sein müsste. Dort ist eine Sehne, die wir nun leicht dehnen wollen. Stelle dich nun an den Stuhl oder deine entsprechende Wahl eines Gerätes zum Festhalten, wichtig ist, dass du daran entspannt und aufrecht stehen kannst. Lege dein Handtuch zusammengerollt und parallel zu dir hin oder eben deine Alternative zum Handtuch so hin, dass es einen halben Schritt hinter dir auf Höhe einer deiner beiden Füße liegt. Deine Knie sollten weiterhin auf gleicher Höhe sein. Lege den Fuß, der direkt vor dem Kissen oder Handtuch steht, so darauf, dass die Fläche unter deinem Fuß nach oben gerichtet ist. Nun lege deinen Fuß hauptsächlich auf deinem kleinen Zeh ab, also schief. Das sollte weiterhin recht einfach für dich sein und du solltest nicht mehr als eventuell ein leichtes Ziehen verspüren. Sofern du einen Trainingspartner hast, kannst du ihn bitten, nach der Sehne direkt unter deinem Knöchel zu fühlen, die du vorher geprüft hast, diese sollte nun deutlich fühlbar gespannt sein. Nun drehe dein Knie leicht nach außen. Spätestens jetzt sollte eine deutliche Dehnung spürbar sein.

Sofern du die Übung erweitern möchtest, kannst du einen Satz ganz minimale Kniebeugen dabei machen, dabei bewegst du dich nicht mehr als zehn Zentimeter hoch und runter. Es ist ganz wichtig, dass deine Kniebeugen nicht größer sind, da das bei größerer Beugung schlecht für deine Gelenke ist. Löse dich aus dieser Übung und versuche dich erneut an der seitlichen Plank, wenn du alles richtig gemacht hast, sollte dir diese Übung nun deutlich leichter fallen. Das liegt daran, dass die Füße bei dieser Übung essentielle Informationen an dein Gehirn weitersenden, ohne die Dehnung der Fuß aber leicht blockiert, da die Übung viel Spannung und Kraft von dem Fuß abverlangt. Diese Übung dient der direkten Kraftverbesserung durch Neuroathletik.

Übung 5: Reaktion auf eine Tabelle

Erforderliche Geräte: eine Tabelle mit sechs mal sechs solchen Zeichen: |o oder o| oder | o (idealerweise berühren die Zeichen in einigen Fällen auch direkt den Strich). Die Kreise können mit jeglichen anderen Formen ersetzt werden. Diese Tabelle gibt es entweder unter https:// zhealtheducation.com/docs/Hand-Eye-Charts.pdf oder man erstellt sie sich selber, wichtig ist allerdings, dass die Abstände zwischen den Strichen und Formen sichtbar sind.

Ausführung: Diese Übung macht Spaß und ist ein gutes Warm-Up. Außerdem ist sie sehr variabel. Klebe die Tabelle auf Augenhöhe an eine Wand und stelle dich mit einem solchen Abstand davor, dass du die Zeichen noch gut erkennen kannst. Stelle dir eine Stoppuhr auf eine Minute. Ist das Zeichen rechts von dem Strich, klopfe dir auf deinen rechten Oberschenkel. Ist das Zeichen links, auf den linken. Ist die Entfernung von dem Zeichen zum Strich größer als sonst, klopfe dir auf beide Oberschenkel. Dies ist eine Schnelligkeit-Reaktionsübung, gehe die Tabelle also immer wieder so lange durch, bis die Minute vorbei ist.

Merke dir, bis wohin du in der Tabelle gekommen bist, du wirst sehen, dass du mit etwas Übung immer schneller wirst. Du kannst die Übung auch anders machen, zum Beispiel, indem du, statt dir auf die Oberschenkel zu klopfen, jeweils nach rechts, links und hoch springst, Plank in die drei Richtungen machst, boxt, einen imaginären Ball wirfst, geringgewichtige Kurzhanteln stemmst oder was dir sonst noch einfällt und was eventuell auch entsprechend deiner Sportart ist. Diese Übung verbessert deine Reaktionsfähigkeit.

Übung 6: Handtraining

Erforderliche Geräte: keine

Ausführung: Die Hände sind ein sehr wichtiger Teil unseres Körpers, ohne die wir aufgeschmissen wären. Besonders beim Fitnesstraining werden die Hände meist vernachlässigt, was zu Handgelenkschmerzen und Sehnenentzündungen führen kann. Dagegen ist diese Übung Prävention, ist allerdings auch hilfreich für Menschen, die am Arbeitsplatz sehr monotone Bewegungen machen müssen, ob nun mit der Maus klicken oder Ware packen. Stelle dich also locker hüftbreit hin. Winkle deine Arme im neunzig Grad Winkel an und strecke deine Hände entspannt aus. Reibe deine Hände ausgiebig aneinander, um die Durchblutung zu fördern.

Nun schließe deine Hände zu einer festen Faust und öffne sie wieder, um deine Hände komplett zu strecken. Wiederhole dies 30 Mal. Die vollständige Bewegung ist hierbei wichtig und du wirst mit der Zeit Spannung in deinem Arm spüren. Bist du trainierter, wiederhole die Übung mehrmals. Als nächste Übung strecke deine Finger wieder von dir und bewege jeweils jeden einzelnen Finger erst zwei Mal im Uhrzeigersinn und dann zwei Mal gegen den Uhrzeigersinn. Wiederhole dies drei bis fünf Mal. Nun kannst du deine Hände wieder strecken und deine Finger voneinander spreizen. Drücke dann deine Finger alle wieder aneinander und strecke sie wieder voneinander. Wiederhole dies zehn Mal. Bilde nun eine Faust und mache kreisende Bewegungen aus deinem Handgelenk heraus, mit Fokus auf das Einrollen des Handgelenks. Das dehnt und mobilisiert dein Handgelenk. Jetzt kannst du mit einer Koordinationsübung abschließen: Halte deine Finger alle zusammen und strecke nacheinander einzeln erst den Daumen, dann den Zeigefinger, danach den Mittel- und Ringfinger und als letztes den kleinen Finger voneinander. Bist du mit einem Finger fertig, halte ihn wie vorher in der Ursprungsposition zusammen. Versuche das fünf Mal hintereinander.

Bei diesen Übungen werden deine Hände mobilisiert, gegenüber starker Krafteinwirkung wie Bankdrücken resistenter und du wirst dich mit der Zeit zum Beispiel beim Klettern oder bei Klimmzügen besser festhalten können. Außerdem wird dein Handgelenk geschützt, das durch falsches Aufkommen beim Hinfallen oder im falschen Winkel beim Liegestütz machen durchaus schnell verletzt werden kann, da die mosaikartigen Knochen und deren Muskeln nicht dafür geeignet sind, dein ganzes Körpergewicht in besonderen Winkeln halten zu können. Der Druck auf das Handgelenk beim Fitnesstraining ist auch nicht gering und damit auch nicht ungefährlich.

Übung 7: Multitasking deines Körpers

Erforderliche Geräte: ein Theraband; zum Erhöhen des Schwierigkeitsgrades zwei kleine Bälle oder ähnliches

Ausführung: Befestige dein Theraband in Höhe deiner Schulter, zum Beispiel am Kabelturm. Stelle dich mit dem Rücken zum Kabelturm, halte das Theraband in einer Hand und strecke deinen Arm geradeaus von dir weg, sodass Spannung in deinem Arm und dadurch auch im Rest deines Körpers entsteht. Mache einen leichten Ausfallschritt zur Seite oder nach vorne. Hebe nun die andere Hand und erprobe dich in leichten Koordinationsübungen, wie alle Gelenke deines Arms einmal im Uhrzeigersinn und einmal gegen den Uhrzeigersinn zu drehen, also Finger, Handgelenk, Ellenbogen und Schulter.

Du kannst auch mit einer geringgewichtigen Kurzhantel auf der Seite arbeiten, oder du versuchst, einen Ball immer wieder hoch zu werfen und wieder zu fangen. Als besondere Erschwernis kannst du versuchen, mit zwei Bällen in der einen Hand zu jonglieren. Wichtig dabei ist, dass dein Körper nur die eine Seite koordinieren muss, während er auf der anderen Seite die Spannung halten muss. Wechsle nach einiger Zeit die Seiten und trainiere somit deine andere Körperhälfte und variiere die Richtung deines Ausfallschrittes mit jedem Mal, wenn du diese Übung machst. Überstrecke deinen gestreckten Arm nicht und gönne dir nach 90 Sekunden eine Pause.

DINGE, DIE ZU BEACHTEN SIND

Atmen! Atmen ist für den Körper sehr wichtig, um an die Grenzen seiner körperlichen Leistungsfähigkeit zu kommen. Mache dir einige Male am Tag immer mal wieder bewusst, wie du atmest, ob du tief genug einatmest, ob deine Atemwege frei sind und atme bewusst, denn die Atmung kann so vieles: sie ist dir lebenswichtig, richtiges Atmen kann Schmerzen lindern, dich beruhigen oder in Aktion bringen und dich zur Höchstform bringen. Dr. Eric Cobb empfiehlt zum bewussteren Atmen, dass man sich ein Viereck vorstellt. Die eine Seite ist das Einatmen, die nächste das Halten des Atemzuges, die dritte das Ausatmen und die vierte das Wirken des Ausatmens.

Das kann die ganze Zeit so weiter gehen, sodass man sich ganz bewusst und in seinem eigenen Tempo das Atmen vor Augen führen kann. Außerdem ist die Haltung deiner Zunge wichtig. Klingt komisch, es gab 2013 allerdings eine Studie, die wissenschaftlich bewies, wie wichtig eine richtige Zungenhaltung beim Krafttraining ist (Quelle: di Vico, Rosa, et. al., The acute effect of the tongue position in the mouth on knee isokinetic test performance: a highly surprising pilot study, 2013). Denn die Zunge ist mit deinem Kiefer verbunden, dieser wiederum mit den Muskeln deines Nackens, und wenn dein Nacken aufgrund einer seltsamen Zungenhaltung nicht die richtige Haltung hat, kannst du deine körperliche Kraft laut der Studie um 30% weniger nutzen, als wenn du deine Zunge richtig halten würdest. Merke dir also in einer entspannten Position, welche Position deine Zunge hat, oder mache nach Cobbs Training das „cheesy grin" – ziehe deine Augenbrauen hoch und grinse so breit und unnatürlich du kannst. Jetzt müsstest du, wie es natürlich sein sollte, durch die Nase atmen müssen, weil deine Zunge in ihrer richtigen Position liegt. Diese Position sollte sie auch beim Training einnehmen. Wichtig ist außerdem, dass du bei jeder Übung keines deiner Gelenke überstreckst oder deinen Rücken zu krumm machst. Wird dir zu schwindelig oder gar schlecht, brich deine Übungen sofort ab.

Außerdem ist das Neuroathletiktraining nicht eigenmächtig gegen Gelenkschmerzen zu machen, ohne dass vorher ein Arzt die Schmerzen untersucht hat. Denn Neuroathletiktraining mindert und verhindert Schmerzen zwar bedingt, ist aber mit Vorsicht zu genießen, und körperliche Schmerzen sollten niemals auf die leichte Schulter genommen werden. Versuche nicht, die Schmerzen mit Neuroathletiktraining weg zu trainieren, ohne vorher einen Arzt konsultiert zu haben, ob nicht ernsthaft etwas in deinem Körper geschädigt ist. Des Weiteren ist eine Absprache mit einem Fitnesstrainer, Arzt, Physiotherapeuten oder Orthopäden immer empfehlenswert, besonders, wenn du merkst, dass die meisten der Übungen dir nicht möglich sind und du Schmerzen verspürst. Generell sollten bei den Neuroathletikübungen keine Schmerzen entstehen und sonderlich anstrengend sollten die einzelnen Übungen für dich auch nicht sein. Fange langsam an und erhöhe erst mit der Zeit den Schwierigkeitsgrad deines Trainings, denn wie bei jedem Training muss der Körper sich auch an das Neuroathletiktraining erst einmal gewöhnen und sich darauf einstellen. Eine Haltungskontrolle durch andere oder im Idealfall einem Fitnesstrainer sind dir besonders zu Anfang ans Herz zu legen. Wenn du wirklich passioniert gegenüber dem Neuroathletik und einer gewünschten Höchstleistung stehst, solltest du auch auf deine Ernährung achten. Dazu mehr im folgenden Kapitel. Außerdem sind genug Schlaf und eine ausreichende Regenerationszeit für deinen Körper wichtig.

Zwischen deinen Trainingseinheiten sind bis zu zwei Tage Ruhe zu empfehlen, außer du organisierst dein Training nicht als Ganzkörpertraining, sondern trainierst pro Tag nur einzelne Muskelgruppen.

Neuroathletik kannst du allerdings auch mehrmals die Stunde machen, da diese Aufgaben für deinen Körper weder sonderlich anstrengend noch ermüdend sein sollten, die Mobilität, die beim Neuroathletiktraining von dir gefordert wird, sollte dir keine allzu großen Schwierigkeiten bereiten. Gleichgewichtsübungen und Augenübungen mehrmals die Stunde und auch mehrmals am Tag zu machen, ist außerdem empfehlenswert, da du so schneller zum gewünschten Erfolg kommst. Ansonsten steht dir die ganze Welt des Neuroathletiktrainings offen, ob direkt nach dem Aufstehen, am Schreibtisch oder im Fitnessstudio, je öfter du die Übungen wiederholst, die dir schwerfallen, desto einfacher wird es mit der Zeit.

CHRISTOPH JENSEN

DIE RICHTIGE ERNÄHRUNG

Dass du dich richtig ernährst, ist der Schlüssel zu deinem sportlichen Erfolg. Ganz wichtig ist natürlich eine ausgewogene Ernährung im Hinblick auf genug Eiweiß, Vitamine und ungesättigte Fettsäuren. Zwei Liter Wasser am Tag sollten dein Minimum sein, je nach Körpergröße, Temperatur und eigener täglicher Aktivität solltest du bedenken, noch mehr zu trinken. Allerdings sollten es auf gar keinen Fall mehr als fünf bis sechs Liter werden, das wird dann gefährlich für deinen Körper, da du tendenziell nicht genug Nährstoffe nachschieben kannst. Bedenke, dass du lediglich fünf bis sechs Liter Blut im Körper hast, und wenn du weiterhin bedenkst, dass die Flüssigkeitsaufnahme zur besseren Zirkulation deines Blutes beiträgt, du aber mehr trinkst, als du Blut im Körper hast, kannst du dir vorstellen, wie gut dein Blut gefiltert ist. Bezüglich deiner Ernährung ist lediglich zu beachten, dass du dir Abwechslung gönnst. Auch eine fettige Pizza ist absolut drin, solange du sie selten isst und mit gesünderen Lebensmitteln „wieder wettmachst".

Es geht hauptsächlich darum, dass du dich mit deiner Ernährung gut fühlst. Zu Nahrungsergänzungsmitteln solltest du nur greifen, wenn du diese vom Arzt verschrieben oder zumindest empfohlen bekommst. Einige der im Handel verkauften Mittel sind relativ nutzlos, da dein Körper sie durchaus nicht effektiv verarbeiten kann. Auch auf Proteinshakes kannst du verzichten, sofern du genug andere eiweißhaltige Lebensmittel zu dir nimmst – Speisequark, Eier, Rind und Joghurt sind dafür zum Beispiel gut geeignet. Zu dem Eiweiß solltest du auch an Vitaminen nicht sparen, da die Vitamine bei der Verarbeitung des Eiweißes im Körper helfen. Morgens kannst du dir also zum Beispiel ein Müsli aus Hafer machen, der Kohlenhydrate und Zink mit sich bringt, Zink ist ein Spurenelement, das dein Immunsystem stärkt. Zu dem Hafer passen gut Joghurt, Speisequark, Milch oder Sojaprodukte.

Dieses Müsli kannst du gut mit Blaubeeren, Äpfeln, Bananen oder anderen Beeren abrunden, um deinem Körper die nötigen Vitamine zu gönnen. Spare dir den Zucker aus vielen Fertigmüslis, Zucker kurbelt erst deinen Stoffwechsel an, was sich toll anfühlt und es schmeckt ja auch gut, aber mit der Zeit wirst du immer schwächer, wenn dein Körper keinen

Zucker mehr zur Verbrennung zur Verfügung hat. Ohne Zucker bist du also deutlich fitter, kommst morgens besser aus dem Bett, bist gesünder und kannst dein Potenzial an Kraft und Ausdauer so viel besser ausnutzen. Ansonsten setze deine Ernährung aus 50 Prozent Kohlenhydraten, maximal 35 Prozent Fett (ganz wichtig: ungesättigte Fettsäuren sind gesund, gesättigte eher ungesund. Gesättigte Fettsäuren findest du oft in Fast Food und frittierten Lebensmitteln), und achte auf circa 15 Prozent Eiweiß in deinem Essen.

Beginnst du deinen Tag mit einem wie oben beschriebenen Müsli, bist du schon mal auf dem besten Wege, diese Werte zu erreichen. Natürlich können diese Werte gesundheitsbedingt oder trainingsbedingt abweichen, denn jeder Körper tickt anders, einige präferieren Kohlenhydrate, um Kraft zu haben, andere Fett oder Eiweiß, um länger satt zu bleiben, wieder andere reduzieren Fett oder die Kohlenhydrate, da sie meinen, dadurch abzunehmen. Außerdem solltest du Fertiggerichte und Instant-Soßen von deiner Einkaufliste streichen, da diese oft mit sehr viel Chemie versetzt sind, die weder gesund noch leistungsfördernd ist. Was bei der Neuroathletik allerdings auch sehr wichtig ist, ist der Verzicht auf Alkohol und Drogen. Alkohol ist erstens sehr kalorienreich, zweitens aber auch Gift für den Körper. Er blockiert die Weitergabe der Nervenreize, macht den Menschen wirr und hindert die Ausschöpfung des körperlichen Potenzials an Leistung.

Nicht umsonst ist man den Tag, eventuell sogar bis zu drei Tage nach dem übermäßigen Alkoholkonsum schwach, nicht fit, schafft wenig, hat Probleme mit der Konzentration und der Koordination des Körpers und leidet unter Kopfschmerzen aufgrund des Wasserentzugs durch den Alkohol. Der Kater kommt nämlich hauptsächlich durch den Effekt, dass Alkohol als Flüssigkeit vom Körper nicht verarbeitet werden kann, je höher der Alkoholgehalt desto schlechter, weswegen man dauernd auf die Toilette muss und außerdem am nächsten Morgen mit Kopfschmerzen aufwacht – das ist dein Gehirn, das nach Flüssigkeit verlangt. Von dem Effekt von Drogen ganz zu schweigen, denn diese wirken oft bewusstseinserweiternd, was so viel bedeutet wie, dass die Nerven auf unnatürliche Weise stimuliert werden, was dazu folgt, dass die Nerven mit der Zeit geschädigt werden und der Körper das durch andere Dinge versucht, wett zu machen. Neuroathletiktraining handelt fast ausschließlich von der Arbeit mit den Nerven des

Sportlers, und wenn du Alkohol oder andere Drogen zu dir nimmst, ist die Arbeit des Neuroathletiktrainings völlig umsonst, da du den Effekt oft durch die Drogen sowohl wieder rückgängig machst, als ihn auch für zukünftige Aufgaben bedingt schädigst. Halte dich also fern von Alkohol und Drogen, wenn du mit deinem Training und besonders dem Neuroathletiktraining Erfolge erzielen willst.

EIN KURZER TRAININGSABLAUF

Hier ist ein direkter Trainingsvorschlag für dich, wie du entspannt Neuroathletik-übungen in dein Training im Fitnessstudio einbinden kannst, ohne dein eigentliches Training vernachlässigen zu müssen und die volle Kraft aus deinem Körper durch vorige Aktivierung der entsprechenden Muskeln und Nerven schöpfen zu können. Hierbei wird davon ausgegangen, dass du ein Ganzkörpertraining absolvieren willst.

1. Beginne mit dem Schielen. Dadurch wird dein Gehirn herausgefordert und deine Sicht ist dafür aktiviert, andere Übungen zu machen, die dir aus der untrainierten Situation heraus eventuell schwerer fallen würden. Steigere deine Übung dadurch, dass du währenddessen einige Schritte vor und zurück gehst.

2. Setze dein Training mit einer steigernden Rotation deines Körpers fort. Fange langsam und bedacht an, um dich nicht zu verletzen, und steigere deine Bewegungen mit der Zeit. So wird dein ganzer Körper aktiviert, durchblutet und gewinnt an Mobilität. Außer-

dem weißt du so, wie leicht oder schwer dir die Rotation vor dem Training fiel, was ein wunderbarer Test für die Effektivität deiner Leistungen ist.

3. Nun rotiere deine Arme, um auch diese nach der Rotation zu lockern. Des Weiteren ist das gleichzeitig einer der Tests, mit denen du später überprüfen kannst, wie mobil du bist und wie gut dir dein Training tut.

4. Nutze nun die Tabelle mit der Ausführung deiner Wahl. Ansonsten eignen sich Planks in alle drei Richtungen oder das Springen in jedem Fall gut, unabhängig von der Sportart.

5. Beginne nun mit deinem eigentlichen Warm-Up, einer Cardio-Einheit oder deiner ersten Übung. Von nun an ist dieser Trainingsvorschlag nach Muskelgruppen sortiert, die du selbstverständlich in ihrer Reihenfolge variieren kannst. Beginnen wir mit der Muskelgruppe des Schultergürtels. Beginne hierzu mit der „Schulterpresse" oder führe den „Military Press" aus. Anleitungen dazu findest du im Internet oder beim Trainer im Fitnessstudio.

6. Teste nun deine Schultern. Hebe deine Arme seitwärts, winkle deine Ellenbogen im neunzig Grad Winkel an und rotiere dann deine Hände hoch und runter. Fällt dir einer Verbesserung oder Verschlechterung zu deiner vorigen Übung unter Punkt drei auf? Sortiere die ausgeführte Schulterübung dementsprechend in eine der drei Kategorien: High Performance, Neutral/leicht positiv oder Aufarbeitung ein. So weißt du, wie gut oder schlecht dein Körper auf die Übung reagiert.

7. Gefolgt wird dies von drei Sätzen Klimmzügen. Nutze Übung 5 unter dem Sehnerv, das Hochschauen während der Klimmzüge, um deine Körperstabilität zwischendurch zu stärken. Wiederhole die Schulterrotation und sortiere die Übung in die Kategorien ein.

8. Nun kannst du dich an das Rudergerät setzen oder auch Reverse-Flies machen. Sortiere diese Übung mit einem Test deiner Wahl genauso in die Kategorien ein.

9. Jetzt kannst du dich deinem Bauch und unterem Rücken widmen. Wiederhole dafür kurz aber deutlich die Rotation deines Körpers mit den nach vorne ausgestreckten Armen.

10. Setze dein Training mit Rückenstrecken am Roman Chair fort. Wiederhole die Rotation und ordne die Übung in die Kategorien ein.

11. Als nächstes würde sich Kreuzheben oder einige Good Mornings am Kabelzug für dich eignen. Auch diese Übung solltest du kategorisieren.

12. Um deinen Bauchmuskeln, sowohl den oberen, unteren und mittleren, ein wenig Aufmerksamkeit zu schenken, kannst du für die oberen und teilweise auch unteren Bauchmuskeln Sit-Ups auf der Negativbank, Beinheben oder Crunches machen und kategorisieren.

13. Für deine seitlichen Bauchmuskeln sind Übungen wie das seitliche Beinabsenken oder das seitliche Hüftheben gut geeignet. Hierbei kannst du die Neu-

roathletikübung für die verbesserte Plank nutzen, die Erklärung dazu ist hier unter der Übung vier des propriozeptiven System zu finden.

14. Nun zu deinen Armen. Dazu kannst du die Neuroathletikübung des Multitasking, Übung 7 unter der Körperwahrnehmung, nutzen, um den Körper darauf vorzubereiten. Außerdem ist das Handtraining, Übung 6 unter den Übungen des propriozeptiven System, vor dem Armtraining noch zu empfehlen. Setze dein Training danach mit Bizepscurls, Dips und Unterarmcurls hinter deinem Rücken fort.

15. Danach kannst du dich deinen Brustmuskeln widmen. Ein paar Flies, Liegestütze, Pull-Overs oder Bankdrücken sind dafür geeignet. Hier ist die Armrotation wieder ein guter Test zum kategorisieren der Übungen.

16. Als nächstes kannst du dich den Beinen widmen. Die Oberschenkelmuskeln trainierst du durch Kniebeugen, an der Beinpresse oder durch Ausfallschritte, die Waden durch Wadenheben aller Art, ob an der Beinpresse, an der Multipresse oder frei. Auch hier,

besonders für die Ausfallschritte ist die Fußübung 4 unter den Übungen für das propriozeptive System für Verbesserungen, besseres Gleichgewicht und damit mehr Stärke gut geeignet. Teste danach dein Gleichgewicht durchs Vorbeugen, was gleichzeitig auch ein entspanntes Dehnen deiner Sehnen mit sich bringt, oder setze deine Füße voreinander mit von dir gestreckten Armen, schließe deine Augen und protokolliere, in welche Richtung du eher schwankst.

17. Wer sich besonders noch seinem Hinterteil widmen möchte, was nicht jeder tut und kein Zwang für ein Ganzkörpertraining ist, da es meist durch andere Übungen wie die am Roman Chair oder auch Ausfallschritte mit Kurzhanteln mittrainiert wird, kann dies durch den Abductor, am Kabelzug oder durch rückwärtiges Beinstrecken frei oder am Gerät machen. Die Multitasking-Übung 7 unter den Übungen des propriozeptiven System lässt sich auch auf die Beine umbauen – spanne dein eines Bein im Liegen auf der Matte durch das Theraband an, kreise das andere, kicke, versuche, dir freihändig den Schuh auszuziehen oder versuche, ein anderes Theraband, das du zu-

sammenknotest, an deinem Knöchel kreisen zu lassen.

18. Beende dein Training mit einigen Dehnübungen, einer Nackenlockerung, die unter Übung 2 im propriozeptiven System erklärt ist und lege dich zum Schluss entspannt auf eine Gymnastikmatte und probiere den „Palmie", das Aneinanderreiben der Handflächen und anschließendem Auflegen auf die Augen, aus. Werde dir deines Körpers und deiner Atmung erneut bewusst und entspanne.

19. Zuletzt solltest du einen Blick auf deine kategorisierten Übungen werfen und überdenken, welche Übungen du wie ändern oder austauschen solltest, damit du deine körperliche Höchstleistung erreichen kannst. Bedenke, dass die Übungen beim nächsten Training oder zwei Wochen später durchaus völlig anders kategorisiert werden könnten, da dein Körper nicht statisch ist. Du kannst dir bei allen genannten Neuroathletiktests in diesem Trainingsvorschlag auch andere Tests aussuchen, solange sie zu deinem Training passen – mit aufgrund des Trainings sehr erhöhtem Puls könnte es schwierig sein, durch das Vorbeu-

gen dein Gleichgewicht zu testen, weil dein Körper damit beschäftigt ist, durchs Atmen genug Sauerstoff durch deinen Körper zu pumpen.

Schlussmotivation

„**D**ie Genauigkeit, mit der wir Dinge definieren, bestimmt den Nutzen." – Tony Blauer, Trainer Cobbs (Dr. Eric Cobb, Fitness Professionals Guide to the NeuroRevolution, 2014)

Das war die Motivation Dr. Eric Cobbs, Initiator der Neuroathletik, eben diese zu erfinden. Der Martial Arts Enthusiast lernte diesen Satz früh von seinem Trainer Tony Blauer, ein Satz, der ihn zu seinem heutigen weltweiten Erfolg verholfen hat. Neuroathletik erobert langsam aber sicher die ganze Welt.

Dabei wird das Bewusstsein für den menschlichen Körper und der sportlichen Leistung ganz neu definiert, denn der Körper ist viel mehr als Muskeln, Haut und Knochen. Dieses Naturwunder kann viel eher in seinen einzelnen Faktoren wertgeschätzt werden, denn Neuroathletik zeigt einem auch, wie abhängig wir von unseren Sinnen sind und wie aufgeschmissen wir durchaus sind, wenn der Körper nicht richtig funktioniert. Sei in deinem Bekanntenkreis und Fitnessstudio der Pionier der Neuroathletik, bringe diesen Trend weiter und tue damit deinem Körper etwas Gutes - wenn du es weiterträgst, sagen wir Arbeitsplatzschmerzen wie Rückenschmerzen, Nackenschmerzen oder auch dem Stress bald adé und können ganz neue Rekorde aufstellen - ob nun persönliche oder weltweite.

Gina Lückenkemper ist nicht umsonst Europas schnellste Sprinterin ihrer Altersklasse. Das Neuroathletiktraining gab ihr den letzten entscheidenden Kick und bringt sie vor den aufregenden Wettbewerben durchaus auch genau im richtigen Maße zur Ruhe. Wer weiß, welcher Platz auf dem Treppchen weltweit für sie reserviert ist. Zeige deinem Körper, was möglich ist! Nutze diese Chance, springe höher, wirf weiter, und werde schneller. Erleichtere dir dein Fitnesstraining damit den Kraftaufbau, und verbessere dabei ganz nebenbei deine Koordination.

Quellen und weiterführende Literatur

Lars Lienhard: Training beginnt im Gehirn: mit Neuroathletik die sportliche Leistung verbessern, riva-Verlag 2019

Eric Cobb: Fitness Professionals Guide to the Neuro-Revolution, Create Space Independent publishing platform, 2015

Jay Armstrong: What is Z-Health?: The System That Eliminates Chronic Pain and Improves Athletic Performance (English Edition), Kettlebell-Club, LP 2017

Prof. Dr. Michael Hamm: Die richtige Ernährung für Sportler, riva-Verlag 2015

di Vico, Rosa, et. al., The acute effect of the tongue position in the mouth on knee isokinetic test performance: a highly surprising pilot study, 2013

(https://www.ncbi.nlm.nih.gov/pmc/articles/PMC3940
506/)

Falls du das Taschenbuchformat erworben hast, erhältst du bei uns auch immer kostenlos das entsprechende eBook dazu. Du findest es in deinem Amazon-Konto.

Als Kunde unseres Verlagshauses hast du die Möglichkeit, dich mit unserem Mutterverlag bei Facebook zu verbinden und dir deinen Zugang zu unserem exklusiven Online-Archiv zu sichern. Du hast dort direkten Zugang zu vielen unserer Bücher und kannst dir diese kostenlos als PDF downloaden.

www.bit.ly/inselliebe-verlag

Zusätzlich hast du die Möglichkeit, über unsere Neuerscheinungen informiert zu werden und diese innerhalb der ersten 5 Tage kostenlos als eBook herunterzuladen.

Klicke jetzt auf den Link, um dir kostenlos deinen Lesestoff zu vielen interessanten Themen zu sichern!

Herstellung und Verlag:

BoD – Books on Demand, Norderstedt

ISBN: 9783748160434

1. Auflage

Kontakt: Psiana eCom UG/ Berumer Str. 44/ 26844 Jemgum

Covergestaltung: Fenna Larsson

Coverfoto: depositphotos.com